AF261874

HORIZON POLITIQUE

DE 1844,

HOMMES ET IDÉES.

Imprimerie Schneider et Langrand, 1, rue d'Erfurth.

HORIZON POLITIQUE

DE **1844**,

HOMMES ET IDÉES.

PAR J.-M. DARGAUD.

PARIS,

LEDOYEN, PALAIS-ROYAL,

Galerie d'Orléans, 31.

1844

La discussion de l'Adresse, commencée dans le calme, a fini par un orage. Elle a conduit la majorité à un vote que nous regrettons : la proscription morale de tout un parti dans la chambre.

Ce zèle est aveugle, et ce précédent, mauvais. Il fallait blâmer, condamner ; il ne fallait pas flétrir.

Abordons maintenant notre sujet :

Cette brochure n'est pas une leçon, encore moins une menace; c'est une conviction. C'est un jugement respectueux et libre sur les personnes, impartial sur les choses, sur les institutions, sur les idées.

Nous nous sommes sincèrement interrogé, et ce que nous avons cru, nous l'avons dit. Nous n'avons été l'homme d'aucun homme, d'aucun système exclusif. Il nous a suffi d'être du parti de la France. Nous avons pu discuter M. Guizot sans fanatisme de haine, et M. de Lamartine sans fanatisme de sympathie. Nous avons cherché à être juste pour tous, et nous ne nous sommes préoccupé que de la vérité. Si nous nous sommes trompé, ce ne sera d'ailleurs qu'à notre détriment. Nous ne sommes pas de ceux dont les erreurs sont dangereuses. Personne ne nous suit, et nous ne suivons personne. Nous désirons ardemment que notre parole demeure stérile, si elle est fausse ; nous désirons non moins ardemment qu'elle fructifie, si elle est vraie.

Nous ne nous comptons pas nous-même ; nous n'estimons que nos convictions. Il n'y a que la vérité que nous placions au-dessus. Nous demandons le triomphe de la vérité pour ou contre nous. La vérité est grande, l'homme est petit. Que l'homme s'efface donc lui-même et qu'il soit modeste. Il n'a qu'une faculté, qu'une vertu, qu'un témoignage pour se rendre digne de la vérité, soit qu'il la cherche, soit qu'il la trouve : c'est la conscience.

HORIZON POLITIQUE

DE 1844,

HOMMES ET IDÉES.

La session dernière se distingue par un fait caractéristique : le rajeunissement de l'opposition.

Ce fait est immense, nous l'examinerons seul. Nous n'entrerons pas dans le détail des travaux de la chambre et des actes du gouvernement. D'autres s'acquitteront mieux que nous de cette tâche.

Nous ne voulons que constater un fait,

le montrer dans toute sa gravité, dans toute son étendue, et appeler sur lui l'attention du pays. Si nous réussissions à placer ce fait dans la lumière, à éclairer tout ce qu'il contient dans ses replis, ce serait assez pour notre dessein.

Un grand orateur est venu qui a contribué beaucoup à renouveler l'opposition.

Il a parlé avec une incomparable éloquence, et c'est là son charme ; avec une foi ardente, et c'est là sa force ; avec une charité vive, et c'est là son électricité dans les masses.

Il s'est rallié à la dynastie de juillet, et il n'a pas franchi les limites constitutionnelles.

Dans une série de puissants discours

et de brillants articles, il a déroulé tout l'enchaînement de ses pensées.

Il a indiqué avec des précautions, des ménagements infinis, deux progrès qui ne seront pas l'œuvre d'un jour, et qui suffiraient pour faire de ce siècle un grand siècle : le remaniement plus large de la loi électorale et l'organisation de la sécurité des travailleurs.

C'est en plongeant dans la plus profonde question politique et dans la plus profonde question sociale de ce temps et de tous les temps, c'est en se mêlant avec ardeur, avec fécondité et avec plus d'étude qu'on ne le croit généralement à toutes ces autres questions : les chemins de fer, les douanes, l'amortissement, la presse, l'instruction publique, les enfants trouvés, la peine de mort, le con-

seil d'État, les affaires étrangères, que
M. de Lamartine s'est créé une seconde
popularité non moins pure, non moins
durable que celle du génie, la popularité du dévouement, du patriotisme !

L'opposition n'a pas été pour lui une
sinécure. Il n'a pas quitté la brèche. Tous
ses discours ont été des batailles dans la
chambre, et hors de la chambre des vic-
toires. Chaque harangue a été un pas
nouveau, un pas en avant ; si bien que
l'illustre tribun a gagné plus qu'une majorité dans le parlement, il en a gagné
une dans le pays. Il a donné une impulsion, il a imprimé un mouvement, il a
remué des idées, et il a concouru par ses
efforts à transformer l'opposition qui
commençait à se transformer d'elle-
même.

Il y a là une situation imprévue, déli-
cate, périlleuse peut-être, et c'est des
hauteurs de cette situation qu'il faut par-
courir tous les horizons de la politique.

Et d'abord la royauté ne nous semble
pas en cause. De la sphère où elle vit,
elle domine le débat sans s'y engager.
Elle ne descend pas dans l'arène. Elle
demeure irresponsable, inviolable, et si
elle n'était pas protégée par la constitution, elle le serait par les services
qu'elle a rendus.

Voici ce que nous écrivions sur elle,
il y a plusieurs années, et nous ne le
désavouons pas.

« La révolution de juillet fondit sur
« la France comme une tempête. Elle
« portait dans ses flancs le naufrage d'une

« famille et le salut d'un peuple. Cette
« révolution fut si soudaine, qu'elle nous
« prit au dépourvu, non d'héroïsme,
« mais d'idées. Nous fûmes un moment
« embarrassés, et puis, comme l'embarras
« décontenance, et ne va pas à notre gé-
« nie, chacun se décida vite et suivit son
« instinct. Les uns se jetèrent dans la
« légitimité, les autres soit dans la répu-
« blique, soit dans la démagogie ; les au-
« tres se dévouèrent avec la fermeté du
« bon sens à la monarchie constitution-
« nelle.

« Au milieu de ces déchirements, un
« homme surgit qui personnifia le parti
« de la modération. Cet homme fut Louis-
« Philippe d'Orléans. Il joignait au pres-
« tige qui s'attache encore aux vieilles
« races toutes les lumières modernes. Il

« avait mangé le pain de l'exil. Il avait
« souffert toutes les douleurs du patri-
« cien, du fils, du Français, du proscrit.
« Né prince, il avait laborieusement ap-
« pris l'égalité à travers toutes les épreu-
« ves et toutes les vicissitudes. Devenu
« roi par le vœu des chambres, il mena
« la rude vie des fondateurs de dynasties.
« Il accepta son rôle tout entier. La cou-
« ronne était lourde, mais sa tête était
« forte. Il fut à quelques égards un mar-
« tyr et un héros, il fut surtout un po-
« litique, *vetus regnandi*[1]. Une certaine
« bonhomie bourgeoise moitié naïve,
« moitié feinte, le popularisa dans les
« classes moyennes. Pour tout dire, il se
« préoccupa trop de la conservation et
« pas assez du progrès; il eut trop la

[1] Tacit., *Annal.*, lib. VI.

« prose et pas assez la poésie de sa situa-
« tion. Son action ne manqua ni de vi-
« gueur, ni d'élan, ni de persévérance,
« mais de largeur. Ce fut là son seul dé-
« faut, et ce défaut le servit d'abord. Il
« rencontra deux hommes qui le secon-
« dèrent bien ; ce furent MM. Périer et
« Talleyrand. L'un créa l'ordre au de-
« dans, l'autre maintint la paix au de-
« hors. Louis-Philippe fut leur inspira-
« teur et leur appui. Il les précéda, les
« soutint et leur survit. Il a su garder
« l'équilibre, et durer. Les injures, les
« outrages, les calomnies ont sifflé à ses
« oreilles avec les balles des assassins. Il
« a passé calme et souriant. La foule qui
« le saluait n'a pu surprendre sur son
« visage une impression d'effroi. Il a été
« l'un des plus braves de ce temps-ci. Et
« voilà ce qui l'a sauvé, lui, sa maison et

« le pays. La France aime tant le courage,
« qu'elle n'a pu haïr Louis-Philippe. Elle
« lui a pardonné la paix et le trône. C'est
« le seul roi de notre époque qui ait une
« auréole, l'auréole de tous ses baptêmes
« de feu. Voilà son sacre de Reims. »

La royauté a donc été, nous le croyons, utile, nécessaire, elle l'est encore. Seulement elle cesserait d'être habile, si son rôle de la veille lui paraissait toujours devoir être son rôle du lendemain. Pourquoi ne pas se faire tout à tous? Pourquoi ne pas se prêter aux nécessités, ne pas reverdir avec les générations? « Rien, dit Machiavel, n'est plus difficile que de changer de méthode et de caractère, soit parce « qu'on ne sait pas résister à ses habitudes, soit parce qu'on ne peut se résoudre à quitter une route qui nous a tou-

« jours bien conduits. Et cependant,
« ajoute-t-il ,... les princes qui ne sa-
« vent pas changer de système lorsque
« les temps l'exigent, prospèrent sans
« doute tant que leur système s'accorde
« avec la fortune; mais ils se perdent
« dès que celle-ci leur échappe [1]. » Cet
avertissement est grave. Pourquoi la
royauté n'en profiterait-elle point? Ah !
puisqu'elle n'est plus absorbée par les
périls du présent, qu'elle prépare l'avenir en concourant au progrès trop né-
gligé, trop sacrifié à la conservation. Dans
l'intérêt même de la conservation, qu'elle
se défende de l'enivrement, de l'aveugle-
ment, qu'elle modifie une politique trop
exclusive, et qu'elle ne repousse pas les
grandes idées du pays. Combien elle serait sage de s'y conformer ! Combien plus

[1] *Traité du Prince*, chap. XVII.

sage elle serait de tendre une main prudente, mais amie, à cette majorité future dont la mission monarchique et démocratique sera d'assurer, en les élargissant, les bases du trône de juillet. « L'histoire « du monde, écrivait le patriarche des « sciences politiques, le savant et véné- « rable Heeren, l'histoire du monde n'a « point de fin, et il n'est pas donné à l'é- « difice politique d'être jamais achevé et « inébranlable…. Puissent…. les souve- « rains ne pas trop redouter l'usage de « la liberté par l'appréhension de l'a- « bus [1] ».

Les œuvres sont diverses, selon les règnes.

Richelieu, sans remonter plus haut,

[1] *Manuel historique du Système politique des différents États de l'Europe.*

triompha de l'aristocratie et du protes-
tantisme à force de volonté et d'audace.
Il arriva ainsi à la centralisation monarchique.

Louis XIV acheva Richelieu. « Le roi,
dit Saint-Simon [1] avec une indignation
froide de duc et pair, le roi ne se dé-
mentit jamais.... de sa préférence dis-
tinguée et marquée en tout de la robe
sur l'épée et du bourgeois sur le noble. »
L'unité royale victorieuse apparut en ce
monarque avec une majestueuse toute-
puissance, tandis que, dans une région
moins haute, et, pour ainsi parler, aux
pieds de leur maître, ses ministres don-
naient l'essor à l'industrie et tentaient
l'organisation administrative.

[1] Mémoires, t. xxii.

Louis XV ne fit que préparer un martyr.

Ce martyr, Louis XVI, porta la conscience dans la politique. Il aima le peuple et ne se refusa point aux réformes. Le cœur ne lui manqua point, mais l'intelligence d'homme d'État. 1789 fut l'avénement de la nation. Le tiers état devint roi de France et dota le pays d'une tribune et de la liberté politique.

L'empire suspendit cette forte action révolutionnaire, mais il la remplaça par la gloire, et il fonda par ses codes la charte civile de l'Europe.

La restauration, au milieu de toutes ses fautes, releva la tribune et la presse.

Que reste-t-il à faire à la royauté nouvelle? Plusieurs l'ont dit déjà. La Provi-

dence lui a réservé une tâche immense
et sublime : l'organisation de la démocratie.

Cette tâche nous réjouit doublement.

Par là, l'humanité fera un pas de plus.

Par là, près des dynasties tombées,
grandiront d'autres dynasties, des dynasties populaires. En devenant de plus
en plus nationales, les races royales re-
deviendront sacrées. Elles doivent toujours l'être. Comparez ces vieilles races
aux familles des citoyens. Ne sont-elles
pas dévouées entre toutes? Ne vivent-
elles pas sur un volcan? Ajoutez aux tra-
ditions, aux périls, le profond et auguste
caractère dont le droit divin des peuples
les couronnera désormais, et vous re-
trouverez dans votre cœur, nous ne disons

pas la religion, mais du moins le respect de la monarchie.

Le gouvernement a des obligations plus étroites, s'il se peut, que la royauté. Venu du peuple où il rentre, d'où il sort tour à tour, il le connaît. Il vit dans l'esprit nouveau et s'y retrempe sans cesse. Le gouvernement donc, s'il est éclairé, s'il est prudent, ne sera pas immobile. Il ne déshéritera pas l'intelligence qui le tuerait comme une épée, ni la démocratie qui l'engloutirait comme une mer.

Nous ne le dissimulerons pas, l'opposition, elle aussi, et les chefs en qui elle se personnifie sont investis d'une responsabilité terrible. Ils ont charge d'âmes..

Luther a oublié, dans l'énumération

des tentations, la plus dangereuse de toutes, celle du talent. Il ne faut pas que le talent domine un seul jour la raison. La maturité est autant que le courage le devoir de l'opposition et de ses chefs. Leur mission est de sauver et non de perdre. Nous leur conseillons de ne point se passer du temps, ce bon ouvrier, cet ouvrier séculaire, infatigable, jamais oisif, jamais pressé, dont la barbe ruisselle d'une sueur féconde, et qui ne détruit que pour réédifier, patient parce qu'il est éternel.

Nous dirons donc à l'opposition et à ses chefs : « Semez les doctrines, adressez-vous aux idées plus qu'aux passions ; car les passions généreuses que vous soulevez touchent aux passions mauvaises. Ne ralentissez pas votre œuvre, ne la précipitez pas non plus, si vous voulez qu'elle soit durable, assurée. Vous êtes forts, vous êtes dans le courant du souffle divin qui mène au vrai et au bien; ne vous en détournez pas. Instruisez-vous des besoins de la France, des intérêts de l'Europe. Soyez prodigues d'influence, avares de menaces. Agissez, ne déclamez point. Servez-vous de la parole, mais ne jouez pas avec ce glaive quelquefois plus tranchant, plus homicide que l'acier. »

La loi de tous les partis est de se rajeunir pour se perpétuer. L'opposition, loin de s'user, se fortifie sans cesse. Elle est toujours la même, et cependant elle est autre. Ancienne et nouvelle, ses racines sont innombrables dans le pays. Si elle veut se faire compter de plus en plus, elle se transformera, elle se disciplinera. Elle ne sera pas seulement négative ; elle sera convaincue, active, gouvernementale. Elle aura le sentiment de ses devoirs aussi bien que le sentiment de ses droits. Elle sera monarchique et démocratique. Elle ne se lassera ni ne se découragera. Elle comprendra la paix, le pouvoir ; elle affermira la centralisation qui est le génie même de la France, et que Richelieu, Louis XIV, la république et Napoléon ont exagérée pour faire de grandes choses. L'opposition n'aspirera pas à l'impossible ; elle n'essayera ni l'utopie ni même la philosophie ; elle se contentera de l'action vraie et droite de la politique. Elle aura plus ou moins de lenteur, mais elle avancera malgré les obstacles. Elle connaîtra la carte du pays. Elle suivra le fil de l'eau, le cours du fleuve ; elle n'ira pas échouer misérablement dans quelque affluent où le sable remplace le flot.

Alors quelles conquêtes ne fera-t-elle point par la foi, par la sympathie ?

L'éternel besoin des âmes fortes, c'est de laisser les vainqueurs dans leur sommeil, dans leur apathie, dans leur égoïsme ; c'est d'aller au grand nombre, aux affligés, à ceux qui ne dorment pas, mais qui souffrent ; c'est de s'arracher aux habitudes vieillies, aux préjugés étroits, pour se renouveler dans l'amour, dans la pitié, dans l'intelligence ; c'est de quitter le crépuscule pour la lumière, les maximes banales pour les idées fécondes, les morts pour les vivants. L'opposition entraînera ainsi l'élite de la nation. Le peuple ne résistera pas non plus, lui qui ne demande qu'à se donner à ceux qui l'honorent, et qui l'élèvent, et qui le secourent, et qui le consolent.

Voilà un champ de bataille régulier, permanent.

Quelles chances de victoire aura le gouvernement contre l'opposition? Une seule, l'initiative de tous les progrès légitimes. Qu'il entre à la fois dans le sens des intérêts et dans le sens des idées; qu'il n'irrite pas les forces vives, qu'il les dirige et les éclaire; qu'il aide, qu'il moralise, qu'il répande partout le baume de l'instruction, du travail et du droit, et tous ces soins lui seront rendus au centuple, et la justice, la bonté lui seront une sublime prévoyance, une habileté souveraine.

Le triomphe n'est qu'à ce prix.

Hâtons-nous de le dire, le mal est partout, en bas comme en haut, comme au milieu, dans la bourgeoisie, la classe prépondérante de la nation.

On a beaucoup attaqué et beaucoup loué la bourgeoisie. Nous ne sommes, nous, ni de ses ennemis ni de ses flatteurs, nous sommes de ses amis. Nous avons le droit de lui dire la vérité. Elle est une grande classe. Elle a du loisir, des lumières, de l'indépendance. Elle ne consomme pas seulement, elle travaille et féconde le champ social de ses labeurs. Si elle n'a pas l'audace traditionnelle de l'aristocratie, ni l'héroïsme facile du peuple, elle est honnête, ingénieuse, persévérante, éprise de l'ordre. Elle a d'immenses richesses et des priviléges nombreux. Pourquoi les retiendrait-elle d'une main avare et timide ? Ah ! qu'elle les verse autour d'elle ; qu'elle s'élève avec sa fortune, qu'elle ait un grand cœur pour aimer, une grande intelligence pour comprendre ; qu'elle songe au passé, qu'elle songe à toute son histoire. Qu'était-elle dans les siècles écoulés ? Nous allons le lui dire.

Au treizième siècle, un comte Henri de Champagne donnait un riche bourgeois de Nogent à un pauvre chevalier, il le donnait corps et âme, comme une chose à lui et comme une largesse envers un gentilhomme ruiné. Le chevalier se saisit du bourgeois et ne lui rendit la liberté qu'après avoir exigé rançon [1].

[1] Mémoires de Joinville.

Voilà l'état des personnes, l'état de la bourgeoisie au moyen âge.

Dans le dix-septième siècle (1678) tout était bien changé déjà. Deux bourgeois suivaient le roi comme historiographes. Mais madame de Sévigné écrivait que Sa Majesté méritait d'avoir d'autres historiens que deux poëtes bourgeois, et de toute sa passion elle souhaitait un homme de qualité pour la noble tâche de louer convenablement le roi.

Ces deux bourgeois se nommaient Despréaux et Racine.

Louis XIV, au grand scandale de madame de Sévigné, de Saint-Simon et de toute la noblesse de France et de Navarre, substitua les bourgeois aux seigneurs dans ses conseils. Dieu s'en mêlait.

Sous Louis XIV donc et depuis surtout, les bourgeois se sont fort aguerris.
Ils sont devenus riches, puissants, célè-
bres. Ils ont cultivé l'industrie, le pouvoir, les lettres. Ils n'ont pas été poëtes
seulement, mais orateurs, écrivains, fi-
nanciers, ministres, généraux. Ils n'é-
taient rien d'abord, ils sont tout maintenant. Ils ont conquis l'autorité, le com-
mandement, ils ont gagné des batailles,
détrôné l'aristocratie et la royauté. Ils
sont presque devenus dictateurs dans le
parlement.

Pourquoi leur succès? Pourquoi leur
victoire?

C'est qu'ils sont éclos aux rayons de
l'idée divine.

La loi de Dieu dans ce monde est une

loi d'affranchissement invincible, de mouvement ascensionnel et logique par le courage, par le travail, par la moralité, vers la lumière, vers la liberté, vers l'organisation. En d'autres termes, chaque jour la Providence attire à elle par toutes les routes, par tous les sentiers, un plus grand nombre d'humbles et de petits. Et ce mouvement ascensionnel est le rhythme divin, l'harmonieuse gravitation que les classes et les peuples accomplissent, comme des astres, dans le ciel orageux de l'histoire.

Ainsi la bourgeoisie, qui n'était rien, a conquis, au prix de mille combats, la commune.

Pour fonder la commune, il lui a fallu même bien plus que des combats, il lui a fallu des révolutions.

Après avoir conquis la commune, elle a conquis l'État, et 1789 lui a donné la dictature en lui donnant le parlement.

Dans ce premier moment de pressentiments sublimes, où l'horizon de la liberté avec ses villes de sages vieillards, de belles jeunes vierges, d'héroïques jeunes hommes, avec son firmament de lumière et ses sources vives, s'ouvrit aux regards éblouis de l'assemblée constituante, dans ces jours de magique enthousiasme et d'illusions généreuses, la bourgeoisie ne put garder son point d'arrêt. Le vertige la saisit. Un tourbillon plus fort qu'elle l'emporta. Elle fut dépassée, et la démocratie, qui n'était pas mûre, faisant irruption à son tour, 1789 amena 1793.

La constitution tomba dans la boue et dans le sang.

Les crimes, comme il arrive toujours, nuisirent à la cause qu'ils croyaient servir. Il y eut réaction contre ces crimes, réaction de gloire : l'empire ; réaction de rancune : la restauration. La démocratie, ce torrent furieux, rentra dans son lit. La bourgeoisie fut opprimée et enivrée d'abord par celui qu'on appelait l'homme du destin, puis humiliée et menacée lorsque l'ombre de l'aristocratie se releva du sépulcre au retour des Bourbons.

Cependant la bourgeoisie, qui était dans l'idée divine, sentait sa force. Une seconde révolution, la révolution de juillet, lui redonna le gouvernement.

Elle n'a guère à se préoccuper de l'aristocratie désormais abattue sous un bras qui n'est pas de chair ; elle doit bien autrement se préoccuper de la démocratie que le souffle d'en haut soulève à la vie.

La bourgeoisie comprendra, j'espère, que la démocratie est dans l'idée divine de l'avenir, comme elle est elle-même dans l'idée divine du présent, comme l'aristocratie était dans l'idée divine du passé.

La démocratie a sa raison d'être.

Il faut lui faire sa part, sa part légitime. Il le faut, du moins, mettre la main et le cœur à ce qui est possible.

Il faut ne pas élever une barrière d'airain, ne pas ôter l'espérance qui réjouit et qui pacifie.

Il faut aimer la démocratie, lui per-
suader qu'on l'aime, qu'on désire son
bien-être, son progrès, son avénement,
son concours, sa dignité, mais qu'on désire toutes ces choses dans une juste mesure, ni avant ni après l'heure de Dieu.

Il faut entourer la démocratie d'une
tendresse mêlée de fermeté, et lui montrer cette sollicitude qui facilite, en le
précédant, le rôle sévère du législateur.

Toute la question est là.

La démocratie est presque toujours
reconnaissante. Un seul vœu de Henri IV
a rendu ce grand roi populaire dans les
siècles. Parfois aussi la démocratie est
aveugle et violente. Lorsqu'elle se pro-
duit par l'émeute, le devoir est de lui résister. Son chemin pour arriver, ce n'est

pas la rue, c'est le parlement, c'est la presse, c'est la pensée.

Les luttes ont été nécessaires.

Ce gouvernement-ci s'est défendu de la démocratie. Il a repoussé la force par la force. Nous ne l'en blâmons pas. Les deux premières nécessités de sa situation étaient l'ordre et la paix. Seulement qu'il accomplisse son devoir comme il a usé de son droit ; qu'il admette sagement, librement la démocratie. Qu'il ne tente pas Dieu et le peuple.

Les hommes ont été hardis, les talents éminents, les caractères forts.

Qu'ils ne s'entêtent pas dans une voie sans issue.

Malgré nos convictions de l'avenir, nous avons un profond respect pour ces hommes que l'histoire grandira : pour Louis-Philippe, ce roi négociateur, ce ferme courage éprouvé par toutes les joies et par toutes les douleurs ; pour Casimir Périer, cette volonté orageusement héroïque ; pour M. de Talleyrand, ce bon sens supérieur toujours délié, fin et droit.

Nous ne méconnaissons ni M. Molé, une haute et séduisante habileté ; ni M. Thiers, un grand journaliste, un aventureux ministre, un talent presti-gieux, imprévu, inépuisable, étincelant, net, rapide, incisif, à la française.

Nous ne sommes pas non plus sans admiration pour M. Guizot.

M. Guizot est la dernière expression de ce système qui a eu sa légitimité, .

mais qu'il ne faudrait pas pousser trop loin.

Oui, nous honorons M. Guizot, ce grave orateur, si résolu sous l'outrage; souvent en péril d'impopularité, jamais en péril de mépris; ce Calvin de la bourgeoisie, qui se croit le défenseur providentiel de l'ordre social ébranlé; cet homme d'État souple et cassant qui enlace et qui blesse; extérieurement un philosophe austère, intérieurement un politique adroit, savant, altier; personnellement intègre, dévoué à sa cause par horreur de l'anarchie, né pour l'action non moins que pour la pensée, beau surtout et puissant à la tribune, son vrai piédestal, lorsque, la narine ouverte, le geste impérieux, sa longue colère, entrecoupée de dédain, vibre, gronde, éclate dans sa parole solennelle comme un sermon, agressive comme un plaidoyer, magistrale et tranchante comme un axiome. Alors l'attitude simple, belliqueuse, décidée du chef de parti a quelque chose de hautain, de provoquant, et nous ajouterons, pour être juste, quelque chose aussi de religieux. M. Guizot est un prêtre. Il sent Dieu en lui, et voilà sa grandeur. Nul homme politique n'est grand, s'il n'est profondément religieux, et si sa mission n'a revêtu à ses yeux la dignité d'un sacerdoce. Or M. Guizot se juge un instrument divin, et c'est par ce côté que nous le révérons. Ah! s'il se fût transformé; si, dilatant sa fière volonté et son lumineux esprit dans un foyer plus chaud, il eût sanctifié l'énergie par l'amour; s'il eût étendu autour de lui le

cercle flexible de la liberté ; s'il se fût dé-
cidé à porter en avant le drapeau des
conservateurs ; s'il eût refusé d'être, dès
longtemps, le prêtre de la lettre, le
Juif majestueux et obstiné de l'ancienne
loi.... quelle influence n'exercerait-il
pas, et que son rôle pourrait être beau !...
Mais un rôle immobile, même ennobli
par le courage, par l'éloquence, est in-
complet, stérile, dangereux ; et voilà ce
que nous déplorons.

Qu'importe que vous défendiez la
maison et le Dieu, si la maison s'é-
croule, si le Dieu disparaît parmi les
ruines? L'édifice n'est pas fini. Reprenez
la truelle. Réparez, perfectionnez, ache-
vez votre Église. Ne reléguez pas votre
Dieu dans une chapelle privilégiée, pla-
cez-le en face de la grande nef où se

pressent les multitudes. Là est sa force, son éternité.

Encore une fois, nous honorons M. Guizot, mais nos sympathies vives sont ailleurs. Elles sont pour le droit, pour l'avenir, pour l'affranchissement graduel de la démocratie. Voilà nos espérances, notre but, et nos limites.

Nous voulons la démocratie, parce que nous aimons l'humanité.

Nous voulons la monarchie, parce que nous aimons l'ordre.

Le grand inventeur Vico qui, peu de temps avant sa mort, écrivait en songeant à sa Scienza nuova : *Je me sens assis sur une roche de diamant...;* Vico était arrivé déjà de faits en faits, de principes en principes, d'expérience en expérience à la monarchie. Il regarde *la monarchie gouvernée d'une manière populaire* comme le dernier mot, comme le terme suprême de la civilisation [1].

Cette opinion est à la fois d'un historien et d'un prophète.

Dans notre vaste pays, par exemple, comment se passer d'unité, d'une imposante unité? Tout grand vaisseau a besoin d'une ancre de salut. Eh bien, cette unité permanente, cette ancre providentielle, c'est la royauté.

Le nerf de cette royauté n'est pas dans la concentration, mais dans l'expansion. Elle n'est au fond ni aristocratique, ni

[1] *Voy.* la *Vie de Vico* et ses œuvres, *passim*.

bourgeoise, ni démocratique ; elle est française. Elle doit aimer le peuple entier pour en être aimée ; elle ne doit pas se donner à un parti, à une classe, elle doit veiller avec une égale sollicitude à toutes les classes, à tous les partis. Chacun lui est utile, mais elle est nécessaire à tous. Là est son caractère, sa beauté, sa toute-puissance.

Royauté, nation ; monarchie, démocratie ; unité, multitude ; tout est là, selon l'immortelle définition de Pascal[1].

Or, s'il est un homme qui résume et concilie en lui ces deux grands principes des sociétés modernes, qu'il ne désespère ni de sa cause ni de son siècle. Cet homme, peut-être l'avons-nous vu,

[1] Voy. *Nouvelle phase parlementaire*, pag. 8 et 9.

entendu. Nous avons nommé M. Guizot, nommons M. de Lamartine. N'est-ce pas le prêtre et le héros de l'esprit? n'est-ce pas le précurseur politique de l'avenir, d'un avenir prochain? Sa parole ne tue point.; elle vivifie, elle féconde. Sa parole est pathétique. On sent vibrer une âme en elle, et voilà pourquoi le peuple en est ému. Cette parole est une parole passionnée, profonde, une parole de feu qui échauffe et entraîne les cœurs, parce qu'elle sort du cœur. Mais cette parole aussi est sage, modérée, consciencieuse. Elle a des ménagements délicats, des tempéraments infinis; elle est pleine de nuances. Elle sait le lieu et l'heure des réformes, et elle n'en accomplirait pas une, même la plus grande, au prix d'une goutte de sang ou de boue. Ah! c'est que cet homme, lui aussi, se juge un instrument divin. Il a la foi de son œuvre, l'ardeur de sa mission, l'instinct de son succès. On ne peut avoir plus de mesure dans la véhémence, plus de prudence dans l'audace. S'il est apôtre et tribun par l'élan, par la poitrine, par l'accent, par la vibration saisissante, il est homme d'Etat par sa tradition, par sa pensée presque toujours calme au milieu des éclairs et des foudres de son éloquence, au milieu des passions qui l'agitent et qui s'agitent autour de lui. L'un des traits caractéristiques de M. de Lamartine, on ne le croit pas, c'est une logique puissante et cachée qu'il revêt de pourpre et d'or, d'imagination, de poésie et de philosophie. M. de Lamartine n'est pas seulement logique, il est vaste. Il n'est pas une simple allée plantée d'arbres, il est

une immense forêt toute percée d'innombrables allées, d'innombrables sentiers. Pour qui sait regarder, tous ces
chemins ne se contrarient pas, ils se
rejoignent. Parce que M. de Lamartine
déchire beaucoup d'horizons, c'est
l'homme que l'on accuse de se contredire le plus. Mais se contredire, c'est
n'être pas d'accord. Eh bien, la plus
haute originalité de M. de Lamartine, son caractère propre, distinctif,
c'est l'harmonie. Non, M. de Lamartine
n'est pas illogique; il serait plutôt, nous
le craignons, trop logique, ce qui le
rendrait téméraire. Qu'il se défie de la
logique des idées; elle n'est sûre que
lorsqu'elle s'allie à la logique des faits,
à la logique de l'histoire. Il y a deux
écueils. Nous avons dit à M. Guizot :
Pensez au'nombre; nous dirons à M. de

Lamartine : Pensez à l'unité. La logique de la monarchie entraîne à un excès ; la logique de la démocratie entraîne à un excès contraire. La profonde difficulté, la souveraine solution ne sont que dans cette logique sereine, pratique, divine qui conduit à l'équilibre. Malgré notre doute, ce qui nous rassure chez M. de Lamartine, c'est que, sous l'écume et les hardiesses du combat, nul, à tout prendre, n'a plus que lui la vertu de l'impartialité.

M. Guizot et M. de Lamartine ont l'un et l'autre quelque chose de religieux qui tient à la sainteté de la mission dont chacun d'eux se croit investi. Voilà pourquoi leur lutte a été si frémissante à la session dernière, pourquoi nous avons été touché jusqu'à la fibre la plus

intime par ces voix profondes, convain-
cues.....

M. de Lamartine a eu du retentissement, un immense retentissement en
France, en Europe, dans le monde. Il a
gagné bien des âmes à la démocratie.
« J'ose être démocrate maintenant, » me
disait un homme d'une grande por-
tée et d'une extrême modération d'esprit. Ceci est remarquable. M. de Lamartine a entouré d'honneur la démocratie ; qu'il travaille sans relâche à
l'entourer de sécurité. Qui n'adoptera
une pareille doctrine lorsqu'elle ne ca-
chera plus de piége, plus de gouffre;
lorsque, renouée avec la paix au dehors,
avec l'ordre au dedans, elle prolongera
sûrement, saintement, cette chaîne mer-
veilleuse à laquelle est suspendu le

monde social, en y rattachant des anneaux de fer non moins précieux par leur solidité que les vieux anneaux d'acier et d'or par leur éclat? M. de Lamartine peut beaucoup pour cela. Qu'il maintienne pure et intacte sa popularité; qu'il continue d'instruire la démocratie sans la flatter. Qu'il se serve de l'écho qui l'environne partout. C'est au reste déjà une habitude, qu'il y soit fidèle. Les pauvres planches d'un banquet, d'une académie de province, d'un conseil général deviennent, à son moindre discours, la tribune française. Ses intervalles de sessions ne sont ainsi ni vides ni obscurs; sa renommée les remplit, sa parole les illumine. Chaque session nouvelle lui trouve quelques coudées de plus. Il grandit toujours. Signe infaillible des hommes appelés à la puissance! *Pla-*

cidus ore, intrepidus verbis..... ingenium quantæcumque fortunæ capax ...

Certes, si M. de Lamartine n'était que l'aventurier de la démocratie, s'il n'en était même que le chevalier ; si le progrès pour lui n'était pas la plus haute et la plus habile conservation ; si, en creusant le lit de la démocratie, il n'élevait pas en même temps les parois de pierre, les talus fertiles ; s'il ne prévenait pas ainsi les inondations et les ravages du fleuve ; s'il n'était pas le défenseur de la monarchie, et de l'ordre, et de la paix, la France ne le suivrait pas... La France n'est à personne *quand même*. Elle est aux idées démocratiques, mais à la condition de la prudence, de la sagesse. Qui est plus digne que M. de Lamartine de s'en-

____

: Tacit., *Hist.*, lib. II.

tendre avec la France? Bien qu'animé d'un enthousiasme créateur, il doit savoir, il sait que l'art d'agiter les masses est inférieur à l'art de les gouverner. S'il aime à se développer, à se répandre par la sympathie, par le talent, il aime aussi à se mesurer par la raison, à se rectifier par la conscience. Il est trop divinement un homme pour aspirer à être une trombe.

« Je suis dévoué à la république, « lui disait un jour devant nous un ora- « teur éminent, j'y suis dévoué jusqu'à « la mort, jusqu'à la ruine. — Moi, ré- « pondit M. de Lamartine, je suis dé- « voué à la France. Je me sens aussi dé- « voué que vous, seulement il y a une « différence entre nous deux. Je me re- « connais la passion, le désir de me dé-

« vouer à mon pays, mais je ne me re-
« connais pas le droit de dévouer vio-
« lemment les autres à une forme de
« mon choix. Les individus, les familles,
« les nations ne m'appartiennent pas,
« corps, sang et biens. Je ne voudrais
« pas ressembler à ces satrapes de l'Inde
« qui trouvaient naturel, à force d'é-
« goïsme, d'entraîner tout avec eux au
« milieu des flammes de leur bûcher,
« richesses, femmes et serviteurs. »

Voilà M. de Lamartine.

Obsédés qu'ils sont peut-être d'un secret pressentiment, ses adversaires ne
cessent de répéter qu'il ne sera jamais
un homme d'État.

Et pourquoi ? Parce qu'il est un écri-
vain, un orateur, un poëte.

Au fond, tel est l'argument dans sa brutalité naïve.

Nous en sommes peu touché. Nous ne croyons pas que les hautes facultés se nuisent, nous croyons qu'elles se servent. Nous ne réduisons pas l'homme d'État aux proportions d'un administrateur, et, avec toutes les restrictions modernes, nous prenons ce grand mot dans le sens de l'antiquité. L'homme d'État était aimé des dieux et des muses. Il commençait à régner sur les âmes par les charmes de la poésie et de l'éloquence, avant de régner sur les volontés par la sainteté des lois. Platon raconte[1], d'après Homère[2], que les constitutions des villes de Crète ne furent si accomplies, que

[1] *Les Lois*, liv. I.
[2] *Odyss.*, xix.

parce que le législateur de ces contrées était le fils et le confident d'un dieu.

Mais laissons M. de Lamartine et tous les noms propres. Ne nous attachons pas aux hommes si grands qu'ils soient ; attachons-nous aux principes. Les hommes ne sont rien sans les principes ; les principes sont tout, même sans les hommes.

Quels sont donc les principes ?

Qu'enseigne l'histoire, que prescrit la morale ? Où est la vérité, où est le bien, où est l'évidence divine ?

Ni dans la monarchie absolue, ni dans la république.

Appelons à nous l'aristocratie et le

peuple. Aimons-les assez pour les sauver avec nous en affranchissant l'une du pouvoir illimité, et l'autre de la république.

Le retour de la branche aînée des Bourbons, ce serait le triomphe d'une minorité, et une révolution rétrograde, une contre-révolution. A la mort de Louis XIV, la maison d'Orléans représentait déjà l'esprit nouveau. Malgré ses vices, par ses grandes qualités, par son cœur bienveillant, son humeur facile, son intelligence supérieure et curieuse, le régent était l'homme du parlement, de la bourgeoisie, du progrès. Tout ce qui tenait aux usages anciens s'indignait ou gémissait. Il y a là une double destinée écrite par le doigt de Dieu dans notre histoire. La branche aînée des Bourbons séchait peu à peu sous le vent du passé, tandis que la branche d'Orléans fleurissait au souffle de l'avenir. Que le roi Louis-Philippe et ses fils n'oublient jamais leur rôle providentiel, qu'ils suivent, à l'exemple de leur aïeul, le cours du temps et des choses. Le régent aimait la bourgeoisie et lui faisait une place au soleil ; que ses descendants s'appuient sur la bourgeoisie, mais qu'ils appellent avec mesure la démocratie, et qu'ils soient ses initiateurs et ses chefs. C'est de ce côté que nous apercevons leur étoile. Si la maison d'Orléans ne se détourne pas du second terme de sa destinée, si elle adopte la démocratie, la démocratie l'adoptera, et cette adoption mutuelle sera l'indélébile attrait par lequel cette maison et cette nation resteront unies. Partout ailleurs est le péril, sinon le divorce.

La république, ce serait aussi le triomphe d'une minorité. Les grands caractères, les grandes intelligences qu'elle compterait, ne la préserveraient pas de l'anarchie. Car pour se soutenir, elle aurait besoin de la terreur au dedans, de la guerre au dehors. Par nécessité elle serait subversive. « Aristote comme moi, « écrivait [1] Jean de Muller, penche pour « la monarchie, parce qu'il a aussi vécu « dans les républiques. » — « La répu- « blique, disait Manuel, a pu séduire des « âmes élevées, mais elle ne convient « pas à un grand peuple dans l'état actuel « de nos sociétés. »

Où donc est le salut?

Le salut est dans une large royauté

[1] Lettres.

qui s'appuie sur le pays tout entier.

Le salut est dans les deux idées les plus belles, les plus saintes, les plus vivantes, les plus enracinées que nous connaissions, les plus conformes à la raison, au mouvement de l'histoire, aux habitudes et au génie de la France, et, par toutes ces causes, les plus faciles à féconder, à répandre, à combiner dans notre noble pays.

Ces deux idées, nous les avons énoncées déjà, sont heureusement deux institutions : la monarchie et la démocratie. Elles correspondent à la formule prophétique de Pascal, qui deviendra, nous n'en doutons pas, la formule politique de l'avenir, et dont les constitutions presque universelles ne seront que le développement. Profond et divin calcul, en effet, que la monarchie nationale, où chaque nombre communique sa force à l'unité qui, à son tour, protége chaque nombre, et où la moindre subdivision du pouvoir agit aux extrémités comme au centre avec le droit, la persuasion, la puissance du tout !

Nous n'aurons pas de peine à donner l'impulsion.

Nous ne comprenons pas seulement la démocratie, la monarchie, nous les aimons, nous vivons en elles, elles vivent en nous. Notre destinée est de les écrire dans nos chartes qui deviennent vite européennes; notre destinée est de les commenter dans notre presse plus européenne encore que nos chartes ; notre destinée est de les proclamer à notre tribune qui ne retentit pas seulement pour notre patrie, mais pour le monde.

Saint Paul était l'apôtre des gentils ; à l'heure qu'il est, l'apôtre des nations, ce n'est pas un homme, c'est un peuple, c'est la France.

N'abusons pas cependant des idées générales, et ne les confessons pas hors de propos. Retenons-les dans leurs limites, et ne soyons pas utopistes en portant jusqu'à l'excès nos principes si beaux, si incontestablement divins. Restons des politiques.

Ne dédaignons pas les chiffres, les affaires ; au lieu d'entraver le gouvernement, aidons-le dans cette voie. Ne soyons pas des obstacles. Recevons et communiquons tour à tour le mouvement et la vie. Budget, canaux, chemins de fer, question des sucres, question des vins, douanes, impôts, agriculture, commerce, industrie, marine, armée, embrassons tout, étudions tout, éclairons tout. Chaque bien que nous ferons se centuplera de proche en proche, comme le rayon parti du centre pénètre jusqu'à la circonférence, comme le cercle liquide s'étend de vague en vague jusqu'à la rive. Telle est la loi de l'exemple, de la solidarité, de la morale, de la charité, qu'un bien particulier se transforme peu à peu en un bien général. Un acte accompli pour l'un de nos frères est accompli pour tous, se redouble et se multiplie à l'infini. Il n'y a pas de petits devoirs.

Notre conscience rassurée sur les affaires, nous passerons à la politique.

Nos dissentiments avec le gouvernement ne sont pas irréconciliables.

Notre plus cher désir serait qu'il les fît cesser.

Pourquoi tant craindre la parole et quelquefois l'étouffer d'avance, quelquefois la punir sans autre motif que la peur?

Pourquoi ne tenir compte que des intérêts, et ne pas admettre sur une plus large échelle les droits de l'intelligence?

Pourquoi s'enfermer dans la bourgeoisie comme dans une citadelle, et ne pas représenter avec un cœur plus sympathique la nation tout entière?

Pourquoi se complaire dans les fortifications? Il valait mieux ne les point élever ; il vaut mieux ne les point exagérer et les restreindre dans les bornes les plus étroites. Les fortifications seront un danger renaissant pour la dynastie, parce qu'elles seront pour elle une tentation perpétuelle en même temps qu'une menace permanente et une humiliation pour Paris et pour la France.

Pourquoi, par un malheureux essai de dotation, exposer un prince à l'outrage d'un second refus, et compromettre, loin de la servir, une popularité jeune encore et douteuse?

Pourquoi remonter tout doucement vers le passé au lieu de descendre vers l'avenir? Le passé, c'est la mort; l'avenir, c'est la vie. Nous voulons, nous, que la royauté vive, nous le voulons de toute notre âme, et la royauté vivra si elle ne s'embarque pas dans des illusions impossibles, si elle ne ferme pas les yeux à la lumière, si elle se rappelle sans cesse pourquoi elle est née, ce qu'elle est, ce qu'elle doit être : une royauté nationale.

Voilà son principe.

Or, dit Machiavel, « les changements « heureux que peuvent éprouver les mo- « narchies, les républiques et les reli- « gions sont ceux qui les ramènent à leurs « principes [1]. »

Et si nous adjurons le gouvernement de faire les concessions nécessaires avec la circonspection qui lui convient, c'est

[1] *Discours sur la première décade de Tite-Live*, LXXV.

que jamais les conjonctures n'ont été
plus favorables, et qu'il nous semble in-
finiment plus salutaire de donner aujour-
d'hui de bonne grâce ce qui peut-être serait arraché demain au milieu des tu-
multes. Ah ! quand bien même la démocratie réalisable sans secousse, sans révolution serait moins proche, il faudrait
encore se mettre en mesure avec elle.
Parce qu'elle paraît absorbée tout entière
dans ses besoins et dans ses fatigues, vous
la croyez un néant politique, et vous de-
mandez ironiquement où se cache la démocratie... Où elle se cache ? Là, près de
vous, autour de vous, à votre porte, dans
votre ombre, dans un brouillard immense, ténébreux, vivant, dans un brouillard formidable qui vous la dérobe et qui,
un matin de régence, en tombant, ne vous
la révélera que trop. Si vous ne la voyez

pas, sachez qu'elle est là, et d'avance comptez avec elle, au moins pour la désarmer.

Nous qui avons sondé cet horizon et qui le parcourons, nous ne pouvons nous égarer. Le monde où nous entrons est le monde de l'avenir.

Nous sommes dans notre chemin.

Nous irons avec fermeté, nous irons aussi avec prudence. Qui oserait nous blâmer? « Rien de ce qui se fait bien ne « se fait vite, » a dit un penseur.

Nous ne nous plaignons pas de la lenteur, nous nous plaignons de l'immobilité.

Voulez-vous notre assentiment, l'assentiment de la France? Portez son esprit dans toutes les questions, dans les questions surtout auxquelles elle s'intéresse de cœur.

Refusez toute innovation anarchique, toute guerre insensée, mais accordez tout le progrès possible et gardez intact notre honneur. Faites bien comprendre à l'Europe que si la paix est notre état naturel, elle n'est pas notre état nécessaire. Maintenez donc notre dignité nationale, et donnez toute la liberté compatible avec l'ordre, *gloriæ ac libertatis duces*, dit Tacite.

Organisez la sécurité des ouvriers, et, par une distribution savante et simple des labeurs, là où il y aura des bras qu'il y ait du travail et du pain. Entendez-vous

par vos administrateurs avec les autorités
locales de tout le royaume, pour élever
des bureaux de secours entre les chan-
tiers publics et privés et les hôpitaux.
Lorsque la justice, lorsque la loi s'arrête-
ront, que la charité, qui ne se lasse jamais,
supplée la justice et la loi, et que tous
les degrés de misère aient des degrés
analogues d'aide et de consolation.

Tentez les perfectionnements du système électoral, cette seconde charte.

Rejetterez-vous l'élection à deux degrés, qui substituerait le pays à la loi
dans le choix des électeurs du parlement?
A la bonne heure.

Rejetterez-vous même le conseil d'Aristote, l'inventeur de la classe intermé-

diaire, où il trouve comme vous et comme nous, avec raison, un élément incomparable de stabilité? Ce conseil, il le répète sous toutes les formes; après avoir repoussé le suffrage universel, il dit :

« .... Que le maximum du cens soit cal-
« culé de manière que les citoyens qui
« auront part au gouvernement soient
« en majorité contre ceux qui n'auront
« point de droit à la chose publique[1]. »

Telle est la base d'approximation recommandée plus d'une fois par le puissant génie qui, au milieu de ses immenses travaux philosophiques et scientifiques, avait approfondi les constitutions de cent cinquante-huit peuples. Aristote, le publiciste de l'antiquité, nous semble

---

[1] *Pol. d'Aristote*, liv. IV, page 190. — *Voy.* passim.

plus vaste, plus généralisateur que Machiavel, le publiciste du moyen âge; plus vrai et plus droit que Montesquieu, le publiciste des temps modernes; il nous paraît égal à l'esprit de la révolution française et à l'expérience qu'elle nous a léguée.

Son aphorisme si incontestablement judicieux est-il inopportun? Est-il encore inapplicable? Nous attendrons. Mais au moins faites un pas. Prévenez-nous et ne craignez point. Nous ne toucherons qu'avec sagesse à ce grand problème de l'élection. Nous vous seconderons pour empêcher tout désordre. Nous apporterons dans ce grave sujet tous les tempéraments, tous les ménagements, toutes les délicatesses qu'il commande. Notre main pleine de droits, nous ne l'ouvrirons pas

d'un seul coup; s'il le faut, nous ne l'ouvrirons que doigt à doigt, peu à peu.
Nous éviterons les sables mouvants de l'u-
topie et de la philosophie. Nous marche-
rons sur le terrain ferme de la politique.
Nous ne nuirons pas au peuple par la
précipitation, par les rêves, par les républiques chimériques, toutes choses qui lui
ont tant nui jusqu'à nos jours.

Avancez... et nous serons prudents.
Nos principes consacrent le progrès,
mais ils n'attentent pas à la conservation. Leur force impérissable est dans
leur étendue, dans leur harmonie, dans
leur respect de tous les intérêts, de
toutes les facultés, de tous les droits.

Ces principes se réduisent à deux
principes passés dans les faits et de-

venus des institutions. Ils s'appellent démocratie et monarchie. Tout le secret, tout le génie, tout l'avenir de la politique est dans la combinaison heureuse de ces principes qui rempliront de leur éclat les longs siècles de notre histoire.

Nous sommes appelés entre tous les peuples à les faire triompher. Ils sont notre tradition, et, par un merveilleux bonheur, ils sont aussi notre inspiration.

La monarchie est sainte, car elle est l'unité exécutrice la plus parfaite, la plus digne de la loi, cette autre unité, cette unité souveraine, belle comme l'ordre, égale comme la justice, bonne comme la Providence.

La loi résume l'unité permanente, vivante et créatrice de la royauté, le nombre intelligent et libre du peuple.

L'unité monarchique n'est pas seulement, comme on l'a dit, une institution de *raison*, de *nécessité*. Il lui reste la poésie sérieuse des services éclatants, le prestige auguste de la perpétuité, de la tradition.

La multitude arrive à son tour inévitablement, et la démocratie se retrouve en face de la monarchie.

La démocratie est sainte aussi; c'est une religion qui embrasse tout l'homme. Elle naît du cœur et de l'intelligence. Elle est un sentiment et une idée. Elle est une vertu, le dévouement; une

gloire, le progrès. Elle est de droit humain et de droit divin.

Nous avons introduit la démocratie
dans l'ordre civil par nos codes et notre
loi sur les successions, dans l'ordre
politique par un commencement d'abo-
lition des priviléges, dans nos mœurs
par des habitudes de dignité person-
nelle, et enfin dans l'esprit humain par
la hardiesse et la générosité de notre
exemple.

La démocratie n'est pas seulement
dans notre génie, elle circule dans nos
veines, elle est dans notre sang.

« La démocratie coule à pleins bords, »
disait M. de Serres.

« Si la liberté, disait-il encore, est

« pour les Français une corde détendue,
« l'égalité est une corde toujours fré-
« missante. »

« L'institution de juillet est une dé-
« mocratie royale, » a dit M. Royer-
Collard.

Enraciner de plus en plus la monarchie, de plus en plus organiser la démocratie, telle est notre destinée parmi
les nations. Comme les Juifs traçaient
l'immense courant religieux, le courant
de feu par où l'esprit divin devait
souffler sur tous les âges; comme les
Grecs cultivaient l'art et reproduisaient
la beauté idéale sous toutes les formes;
comme les Romains cimentaient le
droit, un droit plus durable que leur
empire, et constituaient dans tout l'uni-

vers la famille et la cité ; ainsi nous fonderons la monarchie et la démocratie, et nous les combinerons, et nous les autoriserons dans le monde.

C'est là notre œuvre, notre mission.

Ah ! réveillons autour de nous l'intelligence et l'amour, renouvelons en nous le christianisme éternel, et retrempons nos âmes dans son âme. Cette âme, c'est la charité. Pénétrons-en nos cœurs et nos lois. Ne changeons pas nos institutions contre la raison et contre le temps, transformons-les avec la raison et avec le temps, dans la mesure juste, à l'heure précise, sans révolte et sans guerre. Ne renions point le passé, honorons-le plutôt, mais améliorons le présent, ouvrons l'avenir. *Il n'y a pas de droit contre le droit.* Nos principes sont vrais, notre idéal est possible, notre but, sacré. Que notre courage soit long, infatigable, invincible. C'est la cause de l'homme, des hommes, que nous défendons, c'est encore plus la cause de Dieu; les hommes nous comprendront, Dieu nous aidera.

BIBLIOTHEQUE ROYALE
I

www.ingramcontent.com/pod-product-compliance
Lightning Source LLC
Chambersburg PA
CBHW071338030726
47594CB00002B/678